8º Q
S 116

PROJET
SUR L'USAGE
QUE L'ON PEUT FAIRE
DES LIVRES NATIONAUX.

Par M. TUET, C..... *de Sens.*

A PARIS,
Chez Née de la Rochelle, Libraire, rue
du Hurepoix, près le Pont-Saint-Michel,
et au Palais-Royal, chez les Libraires
Marchands de nouveautés.

───────────

1790.

A MESSIEURS

LES ADMINISTRATEURS

DES DÉPARTEMENS

DU ROYAUME.

Messieurs,

Le vif intérêt que je prends à tout ce qui tient aux Lettres, m'a suggéré quelques réflexions sur le sort futur de tant de livres, dont la Nation hérite par la suppression des Communautés Séculières et Régulières. Je prends la liberté de vous communiquer le résultat de ces réflexions. C'est peu d'avoir formé un projet, si on ne le met sous les yeux des personnes qui ont, par leurs lumières, le droit de le juger, et par leur place, le pouvoir de l'exécuter.

Je suis, avec des sentimens très-respectueux,

Messieurs,

Votre très-humble et très-obéissant Serviteur,

TUET, C. de Sens.

PROJET
SUR L'USAGE
QUE L'ON PEUT FAIRE
DES LIVRES NATIONAUX.

STudia litterarum adolescentiam alunt, senectutem oblectant, secundas res ornant, adversis perfugium ac solatium praebent, delectant domi, non impediunt foris, pernoctant nobiscum, peregrinantur, rusticantur. Cicer.

DIRE que les Lettres, si utiles aux individus dans toutes les circonstances de la vie, contribuent encore à la gloire et au bonheur des Empires, c'est avancer une vérité d'une évidence presque triviale, et sur laquelle toute l'éloquence d'un philosophe moderne n'a pu jetter le moindre nuage. Elles fleurissent en France depuis cent cinquante ans ; et le bien qu'on en a reçu, garant de celui qu'on en doit attendre, demande que l'on s'occupe des moyens de les revivifier et d'en perpétuer le regne. La durée de leur existence dépendant du principe de vie qu'elles recevront, elles seront à l'épreuve des années, si lui-même, en quelque sorte inextinguible de sa nature, il les alimente sans rien perdre de sa substance. Or, ce principe, je crois le trouver dans ces dépôts précieux où sont rassemblées les productions de l'esprit humain.

Il y a en France à-peu-près autant de bibliothéques que de Communautés Séculières et Régulières. Aujourd'hui que l'on bannit de ces lieux les personnes qui les occupoient, que vont devenir les livres de toutes ces Corporations ? Avant qu'on réponde par le fait à cette question, qui en vaut bien une autre, je vais mettre en avant quelques réflexions.

La Nation vendra-t-elle cette quantité prodigieuse de livres, que ses Représentans lui ont adjugés ? Ce parti seroit contraire aux intérêts de sa gloire ; et d'ailleurs, quel gain y feroient ses finances ? Il faut qu'elle vende bien des livres pour en tirer plusieurs millions : quelque obérée qu'elle soit, elle doit faire sans balancer le sacrifice de cette somme, si le refus de s'y soumettre l'expose à en faire un autre d'une plus grande importance. Or c'est ce qui arriveroit infailliblement.

En vendant ses livres, la Nation consent à voir sortir de son sein ce qu'elle a de plus précieux en ce genre. Dans un temps où chez nous cette branche de commerce, n'aguere si vivace, est languissante, presque morte, aucun de nos libraires ne s'avisera de mettre une enchère sur une marchandise qui moisiroit dans ses magazins. Pour établir une concurrence entre les acheteurs, et ne pas donner ce qu'il importe de vendre au moins à juste prix, il faudra donc appeler les marchands et les curieux des pays étrangers. Ceux-ci viendront écrémer nos bibliothéques, et s'en retourneront plus riches de nos dépouilles, que nous avec leur or et nos bouquins qu'ils nous laisseront. De tous les biens nationaux, celui-ci est un de ceux dont la Nation ne doit pas abandonner la propriété. En la conservant, elle ne renonce qu'à un bénéfice pécuniaire trop modique pour mériter son attention. Malgré les besoins qui la pressent de toutes parts, il est de sa dignité, et même de son intérêt, de se mettre au-dessus d'un secours qui ne peut la soulager qu'un instant, et dont le sacrifice peu coûteux lui procurera un avantage inappréciable par sa grandeur et par sa durée, celui de fixer chez elle le séjour des Lettres. Pour que cet acte de désintéressement produise un fruit si beau, il suffira de faire une sage distribution des livres nationaux dans les lieux les plus convenables.

D'abord la Capitale doit avoir au moins quatre bibliothéques publiques. Elles sont formées il y a long-temps, et il n'est question que de les mettre à la portée de ceux qui voudront s'y rendre. Il en faut une dans chacun des principaux quartiers. On laissera au lieu où elles sont, celle du Roi, celle de St. Germain-des-Prés et celle de Ste. Genevieve; la quatrieme auroit sa place dans le Marais. Ces quatre bibliothéques, ainsi distribuées, éclaireront en quelque sorte tout Paris, et cette ville continuera d'être la Métropole de toutes les sciences.

Les provinces, ou plutôt les Départemens,

qui renferment plus des dix-neuf vingtiemes de la Nation, revendiquent à ce titre la meilleure part à la répartition de ses livres. Il est temps d'y allumer enfin la soif du savoir. Le sentiment de ce besoin, (je le dis à regret, et leurs habitans me pardonneront le reproche d'un défaut dont ils sont plutôt les victimes que les auteurs), le sentiment de ce besoin est très-rare parmi eux. On compte à peine un homme lettré sur cent citadins : encore ce petit nombre, fait pour éclairer le reste de ses concitoyens, est-il au milieu d'eux comme la lumiere cachée sous le boisseau. Toute la considération est pour les richesses ; et les ouvrages d'esprit qui naissent dans quelques villes, (ce qui n'est pas commun), bien différens des phénomenes de la nature que tous les yeux s'empressent de voir, y font si peu de sensation, que les quatre cinquiemes des habitans ne les connoissent pas même de nom. D'où vient une insouciance si générale pour tout ce qui tient à la littérature ? Je n'en vois pas d'autre cause que le défaut d'instruction.

Voulez-vous donc instruire les hommes ? Procurez-leur des livres, c'est l'unique secret de dissiper les ténèbres de l'ignorance, et de faire remonter le savoir au dégré d'estime qui lui est dû. Par-tout où il y a des fontaines publiques, chacun y va chercher de quoi se désaltérer ; et l'empressement est proportionné à la qualité de l'eau qu'elles fournissent. Que seroit-ce donc, si ces réservoirs étoient remplis, non par une Naïade, mais par le nourrisson du bon Silène ? Pour avoir une idée de l'affluence qu'ils attireroient, il suffit de se rappeler celle des Parisiens de St. Honoré autour de cette fontaine où se renouvela n'aguere, et pour un temps trop court au gré des amateurs, le miracle des nôces de Cana. La science étant bien préférable au vin du meilleur côteau, ceux à qui elle convient la rechercheroient avec la même ardeur, s'ils en connoissoient le prix. Mettez cette liqueur précieuse à la portée de tout le monde, et l'on ne tardera point à la goûter.

Faut-il, dira-t-on, établir une bibliothéque dans chaque ville ? Pareille prétention seroit absurde, et comme les livres demandent des lecteurs, il est clair qu'une bibliothéque serviroit à peu de chose dans une ville petite ou mal peuplée. Une par Département suffira. Sa place naturelle est dans la ville centrale : mais ce lieu pouvant n'être pas assez considérable par sa population et par ses rapports avec les différens points de sa circonférence, il semble que, dans ce cas, on devroit préférer la ville où le collége seroit, comme le séminaire, réuni au siége épiscopal.

On m'objectera que les autres villes du Département seront par-là privées d'une ressource à laquelle chacune d'elles aura autant de droit que celle qui en sera dépositaire. Cette difficulté est, à mon avis, la seule que la raison ait à m'opposer. Mais il est possible, si-non de la détruire entierement, au moins de l'applanir assez pour que l'on puisse passer outre.

Si du lieu de la source on pouvoit tirer autant de canaux qu'il y a de villes, et les conduire en chacune d'elles, il n'y auroit plus d'inconvénient. Mais parce que ces saignées sont impraticables, est-ce un motif suffisant de rejeter le réservoir? Et doit-on condamner tout un pays à la privation d'un bien, parce que les habitans de la ville où en sera la source, en jouiront seuls sans se déplacer? Autant vaudroit dire qu'il faut dessécher les bains de Bourbonne, parce que leurs eaux ne coulent pas dans toutes les parties de la France. Quand donc l'avantage d'une bibliothéque publique seroit tout entier pour la ville qui la possédera, au lieu d'envier aux habitans de cette ville ce bien incommunicable, on devroit, en bons freres, les en féliciter, par la raison qu'on n'ajoute rien à son bien-être en s'opposant à un moyen de bonheur qu'on ne peut partager. Mais ici, loin que le bien dont nous parlons soit exclusif, tout le monde y aura droit, et la différence ne sera que dans la facilité plus ou moins grande de l'exercer. Si le négociant n'hésite point à passer dans l'autre hémisphère pour en exporter des richesses qu'un naufrage peut lui ravir au port, pourquoi l'homme éloigné de quelques lieues de la bibliothéque de son Département, refuseroit-il de s'en approcher quelquefois pour y puiser les richesses inamissibles de l'esprit ? Le plaisir d'apprendre l'indemnisera bien de sa peine ; et d'ailleurs, ne peut-on pas la lui épargner, en lui prêtant les livres dont il aura besoin, à la charge d'en laisser un *récépissé*, et de les renvoyer dès qu'ils seront lus ? Quelque grand que soit l'inconvénient que l'on m'objecte, il n'est pas comparable à celui d'aller quelquefois d'un bout de la France à Paris, pour consulter un livre qu'on n'espere pas trouver ailleurs, et dont on n'a besoin que pour une demi-journée.

Au surplus, le plus bel établissement a son côté foible. Il faut remédier du mieux qu'il est possible à ses défauts; mais ils ne doivent pas le faire rejetter, quand ils sont balancés par les avantages qu'il renferme. Or les avantages de celui que je propose sont d'un poids à emporter la balance. Il suffira d'en montrer deux pour prouver ma proposition.

En chaque état libéral, si l'homme le plus instruit a quelquefois besoin de lumieres étrangeres, elles sont plus souvent nécessaires à l'ignorant. Or l'homme le moins éclairé n'est pas toujours le plus modeste. La confession de son ineptie ne lui coûte jamais tant, que lorsqu'elle le compromet le plus : et l'amour-propre, qui devroit la lui montrer comme un acte généreux et louable, la noircit à ses yeux, à tel point qu'il n'ose dire à personne : *faites que je voie*, dans la crainte de se déshonorer. Delà se font, dans les différentes carrieres de la Justice, dans celle de la Médecine, &c., tant de faux-pas d'autant plus préjudiciables à la société, qu'ici le mal-adroit qui tombe est encore plus invulnérable qu'Achille, et que sa chûte ne blesse que ceux qui l'ont fait marcher. Ces plaies, si douloureuses, et quelquefois incurables, seroient bien plus rares, si les livres l'étoient moins. Mais on n'est pas toujours ou assez riche, ou assez jaloux de s'instruire, pour acquérir tous ceux de son état; et bien des gens regardent une bibliothéque comme la derniere piece du ménage, et un superflu dont l'emplette peut se différer. Un Avocat de ma connoissance, homme d'esprit, mais original, prétendoit que trois ou quatre bouquins *in-folio*, achetés à la livre, et ouverts sur autant de chaises, étoient un appât auquel force cliens venoient se prendre, en se disant les uns aux autres : Ce Monsieur-là est bien savant, car il lit dans les gros livres. Cependant l'habitude de se passer de bibliothéque, fait qu'on s'en passe toujours; et en enfantant la paresse, elle éternise l'ignorance. L'homme public, entaché de ces deux vices, a beau les pallier par les leçons de l'expérience et par l'exercice de sa raison ; il prouve trop souvent l'insuffisance de ces deux guides, et justifie des plaintes qui n'auroient pas lieu, si, ne voulant ou ne pouvant pas acheter de livres, il eût été à portée d'une bibliothéque ouverte à tout venant. Aiguillonné alors, soit par le noble désir d'apprendre, soit par la crainte de voir ses rivaux le remplacer dans la confiance de ses concitoyens, il se seroit dépouillé de son ignorance d'autant plus volontiers, qu'il y auroit trouvé un gain réel, sans être obligé d'en rien payer aux dépens de son amour-propre ni de sa bourse.

Le second avantage que j'ai à faire valoir est relatif aux écrivains. S'ils sont rares dans les provinces, c'est en partie parce qu'elles n'ont pas de bibliothéques. Telle est pour eux la nécessité de ce secours, que celui qui en seroit absolument privé, auroit peine à franchir les bornes de la médiocrité. C'est au milieu des livres que se font les bons livres, non-seulement les recueils aujourd'hui si communs, mais même les ouvrages originaux. Une bibliothéque devient encore plus indispensable, si l'objet de votre travail demande des recherches : et tel livre que le public a jugé curieux, le seroit bien autrement, si l'auteur avoit été à même de compulser tous ceux qui pouvoient contribuer à la perfection de son ouvrage (1).

---

(1) En vain m'allégueroit-on l'exemple du Philosophe Genevois. Si Rousseau avoit écrit sans avoir rien lu, il seroit une exception confirmative de la règle : mais on sait qu'il n'a pris la plume qu'à quarante ans, et après avoir laissé mûrir dans sa tête tous les fruits qu'il avoit cueillis dans les bibliothèques. On m'objectera encore moins ce déluge de brochures frivoles ou insignifiantes, qui nous submergeroient, si le commerce du beurre et des épices n'en facilitoit l'écoulement. Personne n'ignore que ces écrits, vuides de raison, se font sans le secours des livres, comme en l'absence des Muses ; et l'on verra tout à l'heure que je suis loin d'être fâché qu'ils ne soient pas nés dans nos provinces, où c'est déjà beaucoup trop qu'ils trouvent des lecteurs.... Quant aux ouvrages de recherches, si j'osois me citer moi-même, je dirois que, dans la composition des *Matinées Sénonoises, ou proverbes françois*, &c., j'ai maintes fois éprouvé le besoin de plusieurs livres, et que je n'ai pû le satisfaire, qu'en me transportant dans la Capitale pour les consulter. Cette peine que je n'aurois pas prise,

si

A quoi bon tant d'écrivains, dira-t-on ?
Il n'y en a déjà que trop de mauvais. Cette
objection milite en ma faveur : car l'effet
de mon projet est d'empêcher qu'on ne la
répete à l'avenir. Qui n'accueilleroit pas un
établissement capable d'arrêter le torrent
des ouvrages futiles, et d'accroître le nombre des bons, qui apparemment ne sera jamais trop grand ? Or les bibliothéques publiques faciliteront la composition de ceux-ci, et éteindront le prurit d'écrire dans tout homme qui n'en aura pas le talent.

Aujourd'hui, pour être Auteur, et Poëte sur-tout, il ne faut qu'une plume et de l'encre. De-là, tant de gens qui croyent écrire à tous, et n'écrivent à personne. A Paris, les bibliothéques publiques sont un foible rempart contre ce fléau ; la plupart des écrivains ne peuvent y aller puiser le goût des choses solides, parce qu'ils sont

---

si je les avois eus sous la main, j'en ai été heureusement dédommagé par les éloges dont les journaux et le Public ont honoré mes *Matinées*. On les trouve à Paris, chez M. Née de la Rochelle, Libraire, rue du Hurepoix, près le Pont-Saint-Michel.

B

chaque jour entraînés et perdus dans le tourbillon presque inévitable des sociétés. Mais dans les villes de province, où la foule est moins grande, on se retrouve plus aisément, parce qu'on est plus près de soi-même. Les plaisirs n'y forment pas, comme à Paris, une chaîne qui se prolonge sans interruption, depuis le matin jusque dans la nuit ; ou du moins les fleurs qui la couvrent n'ayant pas une fraîcheur aussi séduisante, on en sent plus aisément le poids, on la traîne plus souvent qu'on ne la porte, et l'on y renonceroit sans peine, si le cœur et l'esprit avoient un objet d'occupation, à la fois utile et agréable, sur lequel ils pussent se reposer. Or on trouvera cet objet dans les bibliothèques publiques ; et elles peuvent opérer une révolution qui tourne au profit des Lettres, comme des mœurs. Leur influence se fera sentir même dans la Capitale. Personne n'osera y perdre du papier, parce que les lecteurs de province ne seront plus assez bénins pour en payer les frais. En méditant les bons ouvrages, ils se formeront, aussi bien que l'écrivain, une idée juste du beau, laquelle sera une et la même pour tous. A mesure que l'ignorance se dissipera, le terme de la perfection, dont l'auteur le plus mince se croit si voisin, se montrera à sa véritable place, c'est-à-dire, dans un lointain qui le dérobe presque à la vue, et sur un roc inaccessible au commun des hommes. Avant de courir la carrière de la composition, on mesurera ses forces avec la longueur et les difficultés du voyage; et ceux qu'un fol amour de la gloire pousseroit à l'entreprendre, seront retenus par la conscience de leur foiblesse et par la crainte du ridicule. L'esprit, désormais nourri de bonnes lectures, cessera donc de composer à jeun; ses fruits, à leur tour, seront un aliment substantiel dont on pourra se repaître avec la certitude d'avoir quelque chose à digérer : en un mot, il n'y aura plus de mauvais écrivains, parce qu'il n'y aura plus de lecteurs ignorans; et les bibliothéques publiques seront comme les foyers d'où cette lumière bienfaisante se répandra sur toute la France.

Je ne sais si je m'abuse; mais il me semble que mon projet, développé par une autre plume que la mienne, emporteroit d'emblée tous les suffrages. Foible avocat d'une si bonne cause, serai-je assez heureux pour en obtenir quelques-uns ? Gratuite ou non, on me permettra d'en admettre l'hypothèse. Supposant donc que, les avantages de ce projet bien reconnus, on n'ait plus à m'opposer que la difficulté de l'exécution, j'ose avancer que cette difficulté est absolument nulle. Quatre-vingt-trois bibliothéques publiques! Rien de plus dispendieux au premier coup d'œil ; et cependant les intéressés auront, si l'on veut, le *commodum* de la chose, sans qu'il leur en coûte rien. La Nation elle-même (car il faut bien que quelqu'un paye) le fera d'une maniere négative, et conséquemment très-douce ; c'est-à-dire, que sa dépense consistera, non à rien débourser, mais à ne pas vendre.

L'acquisition des livres est toute faite. Nul Département qui n'ait dans son étendue plusieurs bibliothéques à sa disposition. Chacun d'eux fondra toutes les siennes en une, qui sera formée d'un certain nombre d'exemplaires des meilleurs ouvrages françois et de l'antiquité. Le surplus sera rejetté avec la foule des livres inutiles. De ce surabondant, on fera une vente dont le produit, placé en rente, servira à l'entretien de la bibliothéque, et à payer les honoraires des personnes qui en auront le soin. Si ce revenu ne suffit pas à l'acquit des charges, on y joindra quelques-unes des rentes sans nombre qui se trouvent à vendre, et l'on choisira de préférence celles dont le fond sera voisin de la bibliothéque.

Son emplacement n'est pas plus difficile à trouver : toute la peine consiste à choisir, parmi les maisons religieuses, celle qui sera la plus propre à devenir le rendez-vous des gens studieux. Je la desirerois dans l'endroit de la ville le mieux aéré, le plus riant et le plus tranquille. Le sanctuaire de la science seroit mal placé près d'un marché, ou des promenades publiques. Les Muses aiment le recueillement, et quand ceux qui les cultivent seroient obligés de les aller chercher à l'extrémité d'un faubourg, ils s'y transporteront avec d'autant plus de plaisir, que par-là ils joindront à l'étude un exercice nécessaire à leur santé.

Quand la bibliothéque sera bien composée et bien placée, il s'agira de couronner l'œuvre par le choix d'un homme capable de la diriger. Un tel homme est, pour cet établissement, comme la clé de la voûte ; ou, si j'ose employer une figure moins à la mode, c'est la pierre angulaire sans laquelle l'édifice le plus solide s'écrouleroit en peu de temps. Aussi, verra-t-on, dans le moment, que cette pierre n'est pas commune, et qu'il faut descendre dans bien des carrieres avant de pouvoir dire, *la voici*.

Les fonctions d'un bibliothécaire sont trop multipliées, pour qu'un homme seul y suffise. Il lui faut au moins deux commis. Il demeurera avec l'un d'eux auprès de son dépôt; jamais ils ne pourront s'absenter l'un et l'autre à la fois, et ni l'un ni l'autre aux jours de bibliothéque.

La place de bibliothécaire est assez importante pour être donnée par le Département. Mais le service public, le bonheur du bibliothécaire, l'intérêt même de ses adjoints, tout demande que ceux-ci soient choisis par leur chef, et qu'il ait le droit de les congédier dans les cas de mécontentement. Ces cas seront rares, si les commis ont les qualités de leur place, et ils les auront, si le chef convient lui-même à la sienne. L'essentiel est donc de le bien choisir. Pour montrer combien ce choix est délicat, il suffira de donner un portrait ébauché de celui sur lequel il doit tomber.

Je suppose qu'il est parfaitement libre du joug de ces trois passions capitales qui rendent leurs esclaves inhabiles à toute sorte d'états. Les qualités propres de celui-ci peuvent se réduire à quatre, qui sont, le goût de la retraite, la connoissance des livres, un fonds inépuisable de complaisance et un grand esprit d'ordre.

Il n'est point de poste plus assujétissant que celui de bibliothécaire. Par-tout ailleurs, on a des momens, même des jours de relâche ; ici je n'en vois aucun. La principale fonction du bibliothécaire est de veiller auprès de son trésor, non pour en défendre les approches, comme ce Dragon qui gardoit les pommes d'or des Hespérides, mais pour le communiquer. Or, s'il s'en éloigne à volonté, il devient infidele à ce devoir. Le temps de son absence sera souvent celui où sa présence seroit nécessaire, et dès lors le but de l'établissement est manqué. Un homme trop répandu n'est donc pas l'homme de la place. Cependant, comme il est né, ainsi que tout autre, pour la société, il seroit dur de lui en refuser tous les plaisirs. Il les goûtera donc, mais rarement, et jamais sans se faire représenter par un commis qui saura où il est allé. Du reste, que la bibliothèque soit son élément, hors duquel il sente un besoin pressant qui l'y rappelle.

Une retraite si rigoureuse seroit pour lui une vraie prison, s'il ne savoit l'égayer par l'étude. Aussi est-il dans l'heureuse obligation d'aimer le travail. Ses connoissances doivent être, en quelque sorte, aussi vastes que le dépôt confié à ses soins. La moins importante en apparence, n'en est pas plus à négliger ; je parle de celle qui a rapport à la valeur matérielle des livres, tant de l'ancienne librairie que de la nouvelle. Il faut qu'il connoisse les meilleures éditions, qu'il les distingue des contrefaçons, enfin qu'il puisse raisonner pertinemment sur tout ce que la presse et le burin donnent de prix à un livre.

Ce n'est-là, pour ainsi parler, que l'écorce de ses connoissances. Loin de s'en tenir au matériel des livres, il doit être en état d'en apprécier le mérite intrinsèque. Histoire, littérature, morale, politique, &c., rien ne lui sera étranger. On n'exigera pourtant pas qu'il soit un encyclopède parfait, en entrant dans sa place ; ce seroit demander l'impossible, et d'ailleurs, il est bon qu'ayant à vivre au milieu des livres, il lui reste quelque chose à y apprendre. Une teinture générale des choses qu'il doit savoir, suffira d'abord, pourvu qu'il y joigne le désir de les approfondir.

Mais ce désir, tout louable qu'il est, doit avoir ses bornes : autrement, il deviendroit un besoin exclusif qui, au lieu de se contenter des momens perdus, absorberoit encore ceux qui sont dus au public. Il en coûte à un homme enfoncé dans une méditation profonde, ou seulement dans une lecture qui attache, d'en être arraché, vingt fois le jour, par des distractions inséparables de sa place. Pour que ces distractions s'éprouvent sans violence, il faut que le bibliothécaire soit muni d'un grand fonds de complaisance à l'égard de toute personne, riche ou non, qui vient recourir, soit à ses lumières, soit à celles de ses livres. De tous les hommes publics, il est peut-être celui à qui l'on passeroit plus difficilement la rudesse de l'abord. Outre qu'il seroit singulier qu'à la source de la véritable politesse, il en fût entièrement dépourvu, il trahiroit son premier devoir, s'il vous repoussoit, je ne dis point par des paroles peu obligeantes, mais même par un air froid, réservé, ou seulement équivoque. Il faut donc que son front s'épanouisse à la vue d'un étranger, qu'il se communique à lui comme ses livres, qu'il se fasse un plaisir de raisonner, en peu de mots et au besoin, sur le mérite de chacun d'eux, et sans compter ses pas, qu'il aille d'un bout de la bibliothéque à l'autre, chercher ceux qu'on lui demande.

Le moyen d'être expéditif dans ce genre de service, et d'économiser son propre temps, c'est de joindre aux qualités dont je viens de parler, un grand esprit d'ordre. Il consiste à bien classer les livres, à remettre chacun d'eux à sa place, à tenir un registre exact de ceux que l'on prête au-dehors, à écrire ou effacer les noms des personnes qui les empruntent ou qui les rapportent, et sur-tout à faire tout cela en son temps et sans délai. Ces fonctions paroissent petites et fastidieuses; mais il n'est pas de détail qui ne devienne important et agréable, quand il a rapport à l'utilité publique.

L'amour de l'ordre ne va jamais sans celui de la propreté. Celle-ci regnera dans toute la bibliothéque, et ne sera pourtant pas poussée à l'excès. Il seroit ridicule d'exiger qu'un livre, même de prix, quant à la reliûre et au papier, sortît vierge des mains du lecteur. Une bibliothéque où les yeux sont éblouis par une propreté recherchée, n'est pas celle que l'on fréquente le plus ; et celui qui nétoie si bien ses livres, fait soupçonner que son mérite ne s'élève guere au-dessus des époussetes. Cet instrument ne doit pas trouver de poussiere sur les livres, c'est à la main qui les feuillete à les en garantir ; et quand de bons ouvrages témoignent par la perte de leur lustre qu'on les a ouverts, cette espèce de défloration tourne à la gloire de leur gardien, en prouvant qu'il n'est pas au milieu d'eux comme l'eunuque dans un sérail.

Tel est l'homme à qui appartient la garde d'une bibliothéque publique, et sans lequel ce dépôt n'est plus qu'un magasin de livres tout à fait inutile. Quelque rare que soit un sujet si précieux, il n'est pas introuvable, et il peut l'être moins par la suite. Tout dépend du premier choix. S'il est heureux, celui sur qui il tombera saura se reproduire dans ses éleves, qui, formés par leur maître, en deviendront les successeurs naturels. Ici, (et cela devroit être par-tout), c'est au mérite à se placer lui-même, et la voix des supérieurs ne doit l'appeler que pour la forme, à un poste auquel la justice lui donne un droit si marqué. Les abus ne pullulent par-tout, que parce qu'on intervertit un ordre dont la conservation importe tant au bonheur de la société. Que l'on suive cet ordre dans le choix d'un bibliothécaire ; et de l'établissement que je propose, sortiront tous les avantages qu'il renferme.

Il seroit possible de lui donner une extension qui le rendroit encore plus intéressant, et rappelleroit ces beaux jours de l'antiquité, où les gens de Lettres étoient non seulement estimés, recherchés, mais quelquefois nourris aux dépens du public. On sait qu'à Athènes il y avoit un édifice nommé le *Prytanée*, où l'État défrayoit de tout les citoyens qui lui avoient rendu de grands services. Philostrate parle d'une table, tous les jours dressée dans une ville d'Égypte, et appelée *Musée*, parce que les favoris des Muses y étoient reçus et nourris sans qu'il leur en coûtât rien. Qui empêcheroit qu'en France, où l'on placeroit les livres nationaux dans des maisons vastes, solides et commodes, on y ménageât une retraite passagere aux écrivains dont la plume auroit utilement servi, ou simplement honoré le Département ? Quel inconvénient y auroit-il à doter ces maisons de quelques revenus destinés à défrayer les savans, que la curiosité attireroit dans ces endroits, et qui, pour jouir de ce glorieux privilége, n'auroient qu'à montrer, soit un de leurs écrits décoré du titre de *livre national*, soit une médaille qu'un Tribunal littéraire, créé *ad hoc* par le Corps législatif, accorderoit aux écrivains d'un mérite reconnu ? Cet accueil que recevroient par-tout les hommes vraiment lettrés, augmenteroit encore, dans l'opinion publique, l'estime que l'on doit aux Lettres, et seroit un nouveau moyen de propager le goût de l'étude.

Mais les finances de la Nation ne lui permettroient sans doute pas d'ajouter cet accessoire à l'établissement des bibliothéques publiques. Me renfermant donc dans le fond de mon projet, je n'ai plus qu'à désirer, non pas que les honorables Membres de l'administration du royaume voient cet écrit du même œil que moi, mais qu'ils le lisent, qu'ils lui accordent quelques momens de discussion, et qu'avant de prendre un parti quelconque, ils se demandent ce qu'ils feroient des bibliothéques publiques, si actuellement il en existoit une dans chaque Département. Certes, ils sont trop amis des Lettres pour en détruire de gaîté de cœur les monumens, et ouvrir la porte à la barbarie par la répétition d'un acte que l'on n'a point encore pardonné au Calife Omar (1). Ce qu'ils auroient honte de suppri-

---

(1) L'Histoire nous offre un trait assez analogue aux circonstances actuelles. Un courtisan de l'Empéreur Constantin Copronyme, nommé Lachanodracon, étoit Gouverneur de la petite Phrygie, de la Lydie et de l'Ionie. « Voulant, dit un de nos Historiens, flatter son Maître en imitant ses fureurs, il fit conduire à Ephèse tous les Moines et toutes les Religieuses de son Gouvernement; et les ayant assemblés dans une plaine voisine, où il avoit fait porter quantité d'habits blancs, il fit crier par un Héraut : *Que tous ceux qui sont disposés à faire la volonté de l'Empereur, quittent tout-à-l'heure le sac lugubre dont ils sont revêtus, qu'ils prennent chacun un de ces habits, et qu'ils choisissent une femme entre celles qui sont ici. Quiconque n'y consentira pas, perdra les yeux et sera relégué en Cypre.* Les bourreaux étoient prêts, et sur-le-champ plusieurs Moines préférèrent le supplice à l'apostasie. Ce méchant homme, résolu d'éteindre entièrement l'Ordre Monastique, envoya ensuite deux commissaires avec ordre de vendre tous les Monastères d'hommes et de filles, les vases sacrés, les métairies et

mer, pourquoi refuseroient-ils de le créer, d'autant plus que cette création ne coûteroit, si j'ose ainsi parler, que la dépense d'un mot ? Trouveroient-ils un obstacle à l'exécution de mon projet, dans la nullité de celui qui le propose ? Je ne le puis croire. Le temps n'est plus, où le sort d'un ouvrage dépendoit des relations plus ou moins grandes de son auteur ; et grace à la révolution, ce seroit aujourd'hui raisonner en mauvais logicien que de dire : Ce projet

---

autres biens de quelque nature qu'ils fussent : ce qui fut exécuté, et le prix envoyé à l'Empereur. Les livres et les ouvrages, tant des Moines que des Saints Peres, furent brûlés ». Si ce trait parvient à la connoissance de ceux qui composent ce que l'on appelle *l'ancien Clergé*, ils seront peut-être consolés de leur malheur par le tableau d'un malheur beaucoup plus grand. En traitant si cruellement des hommes consacrés à Dieu sous la sauve-garde du Gouvernement, Lachanodracon se montra dépourvu de tout sentiment d'humanité. Que dis-je ? Il n'avoit pas même le signe qui remplace quelquefois cette premiere vertu de l'homme. Fléau de la société, il cherchoit à en rompre un des plus forts liens, lorsqu'il condamna aux flammes les livres où se puise la politesse des moeurs, humanité extérieure, sans laquelle il n'y auroit bientôt plus de société. Vendre les livres des Monastères après en avoir renvoyé les habitans, ne seroit-ce pas imiter cet antimoine grec, sans toutefois mettre dans cette double action la barbarie qui le déshonora ?

est d'une plume inconnue, donc il ne vaut rien.

Quoi qu'il en soit, si quelques Départemens font à celui-ci l'honneur de l'approuver, et qu'ils daignent solliciter, auprès de l'Assemblée Nationale, la permission de l'adopter, je me féliciterai, moi, de tous les Citoyens le moins utile à la Nation, de lui voir agréer ce léger tribut de mes foibles talens. Je le lui offre, hélas! comme le denier, non de la veuve, mais de l'orphelin; et forcé d'épancher une ame où la joie du bonheur public est quelquefois troublée par le sentiment vif et involontaire de mon malheur personnel, pour répandre cette ame en présence d'un plus petit nombre de témoins, je finirai en disant dans la langue de Ciceron:

Exhaustum laboribus in edocendâ publicê juventute per viginti annos toleratis, me tandem exceperat bona mater Ecclesia Senonensis. Hoc sperabam fore mihi certum contrà ingravescentis aetatis incommoda perfugium. Nunc, eheu! divellor inde; et avulso, ni speratâ promissi viatici vice jactura annui reditûs resarciatur, nihil jam superest praeter libros aliquot, et calami qualemcumque usum. Sed hæc nihil prost alphita, utpote quae cum tristibus valetudinis fractae reliquiis male copulentur.

www.ingramcontent.com/pod-product-compliance
Lightning Source LLC
Chambersburg PA
CBHW060549050426
42451CB00011B/1828